Spanish Bilingual Bridge

Puente Bilingüe Español

Classic Science Fiction Stories for Beginners

Historias clásicas de ciencia ficción para principiantes

Vallerie Wilson

Bilingual Bridge™

Listen to the Spanish audio while you read along, by going to:

https://scifi-begin-sp.carrd.co/

Tabla de contenido

Contents

Frankenstein

Frankenstein

This story is an adaptation of the novel *Frankenstein*, written by the English author Mary Shelley in 1818. It is considered a timeless classic and one of the earliest examples of the science fiction genre.

La historia de "Frankenstein" comienza con un hombre llamado Víctor Frankenstein. Víctor es un hombre muy inteligente. Le encanta aprender muchas cosas. Pero, lo que más le gusta es la ciencia.

Víctor no es como otras personas. No le gusta pasar el tiempo divirtiéndose o yendo a fiestas. No, a Víctor le gusta pasar su tiempo leyendo libros. Él lee libros sobre la vida, sobre el cuerpo y sobre cómo funcionan las cosas. Lee tanto que sabe muchas cosas que otras personas no conocen.

The story of "Frankenstein" starts with a man named Victor Frankenstein. Victor is a very smart man. He loves to learn about many things. But, what he likes the most is science.

Victor is not like other people. He doesn't like to spend his time having fun or going to parties. No, Victor likes to spend his time reading books. He reads books about life, about the body, and about how things work. He reads so much that he knows a lot of things that other people don't know.

Los libros favoritos de Víctor son sobre la vida y la muerte. Estos libros hacen pensar mucho a Víctor. Comienza a tener grandes preguntas. "¿Qué es la vida? ¿Qué es la muerte?" se pregunta. También empieza a tener grandes sueños. "¿Puedo crear una nueva vida?" él sueña.

La familia de Víctor no lo entiende, pero lo quieren mucho. Dejaron que Víctor hiciera lo que le gusta. Le dejaron leer sus libros y tener sus grandes pensamientos. Ellos esperan que Víctor sea feliz.

Victor's favorite books are about life and death. These books make Victor think a lot. He starts to have big questions. "What is life? What is death?" he asks. He also starts to have big dreams. "Can I make a new life?" he dreams.

Victor's family doesn't understand him, but they love him very much. They let Victor do what he likes. They let him read his books and think his big thoughts. They hope that Victor will be happy.

Pero Víctor no es feliz. Siempre está pensando, siempre soñando. Su gran pregunta, "¿Puedo crear una nueva vida?" siempre está en su cabeza. No puede dejar de pensarlo. Comienza a planear un gran experimento. Este experimento va a cambiar su vida. Pero, aún no lo sabe.

Entonces, Víctor empieza a trabajar. Trabaja día y noche. No come mucho. No duerme mucho. Él sólo trabaja. Está muy emocionado. Quiere saber si puede crear una nueva vida.

But Victor is not happy. He is always thinking, always dreaming. His big question, "Can I make a new life?" is always in his head. He can't stop thinking about it. He starts to plan a big experiment. This experiment is going to change his life. But, he doesn't know this yet.

So, Victor starts to work. He works day and night. He doesn't eat much. He doesn't sleep much. He only works. He is very excited. He wants to know if he can make a new life.

Así comienza nuestra historia. Con Víctor, un hombre inteligente con una gran pregunta. Un hombre que está listo para cambiar su vida y, tal vez, el mundo entero. Pero recuerda, cada acción tiene una reacción. Y Víctor va a aprender esto muy pronto.

Víctor quería crear una persona a partir de partes de cadáveres. Primero, Víctor tuvo que encontrar las partes. Este fue un trabajo aterrador. Tenía que ir a lugares donde la gente enterraba a los muertos.

En la tranquilidad de la noche, Víctor se llevó lo que necesitaba. Tomó partes de diferentes cuerpos. Esto no era un trabajo agradable, pero a Víctor no le importó. A él sólo le importaba su experimento.

Víctor se llevó las partes a su casa. Víctor empezó a juntar las partes. Se esforzó mucho. Trabajaba día y noche. Se olvidó de comer y dormir. Sólo pensaba en su obra.

Después de muchos días y noches, Víctor tenía todas las partes en los lugares adecuados. Ahora, tenía que darle vida al cuerpo. Tenía un plan para ello. Usó una máquina especial. Esta máquina podría crear rayos. Víctor pensó que un rayo podría dar vida al cuerpo.

Una noche, hubo una gran tormenta. Víctor sabía que este era el momento adecuado. Utilizó su máquina para atrapar los rayos. Entonces, envió el rayo al interior del cuerpo. Él esperó. Tuvo esperanza. Estaba asustado, pero también estaba emocionado.

Entonces, pasó algo. ¡El cuerpo se movió! Víctor no lo podía creer. ¡Lo logró! ¡Había creado una nueva vida! Estaba feliz y orgulloso. Pero luego, miró el cuerpo. No era un cuerpo agradable, era grande y feo. Tenía ojos amarillos que miraban a Víctor. Tenía labios negros que le sonreían a Víctor. Tenía el pelo largo y negro. ¡Era un monstruo!

Víctor estaba asustado. Había creado una nueva vida, sí, pero era un monstruo. Y este monstruo estaba mirando a Víctor.

Víctor no sabía qué hacer. Estaba muy cansado. También estaba muy asustado. Salió corriendo y fue hasta su habitación. Cerró la puerta Esperaba que el monstruo no lo siguiera.

Víctor cayó sobre su cama. Estaba tan cansado. Cerró los ojos. Quería olvidarse del monstruo. Esperaba que cuando despertara, el monstruo ya no estuviera.

Y así, Víctor se quedó dormido. Fuera de su habitación, el monstruo estaba solo. Miró a su alrededor. No sabía dónde estaba. No sabía lo que era. Quería saber más sobre este mundo.

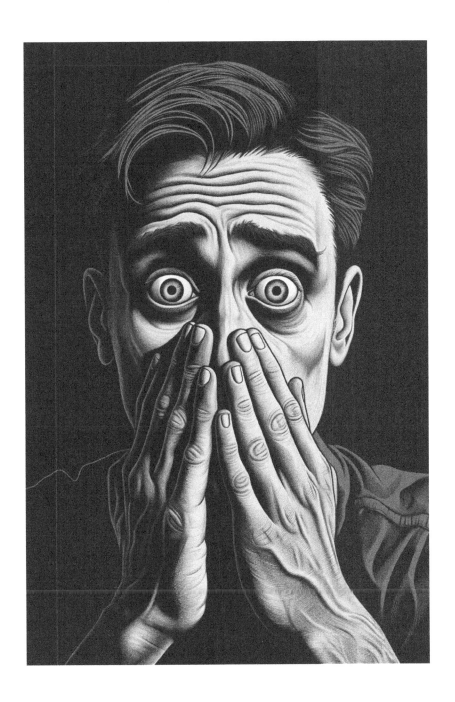

Cuando Víctor despertó, seguía asustado. Recordó la criatura grande y fea que había hecho. No quería volver a verla, pero sabía que tenía que salir de su habitación. Poco a poco abrió la puerta y miró a su alrededor. La criatura no estaba ahí. Víctor se sintió muy aliviado. Pensó que la criatura se había ido.

Víctor intentó olvidarse de la criatura. Intentó vivir su vida como antes, pero fue difícil. No dejaba de pensar en la criatura. Se preguntó dónde estaba, qué estaba haciendo. Estaba asustado. También estaba muy triste. Sentía que había cometido un gran error.

When Victor woke up, he was still scared. He remembered the big, ugly creature he had made. He didn't want to see it again. But he knew he had to leave his room. He slowly opened the door and looked around. The creature was not there. Victor was very relieved. He thought the creature had gone away.

Victor tried to forget about the creature. He tried to live his life like before, but it was difficult. He kept thinking about the creature. He wondered where it was and what it was doing. He was scared. He was also very sad. He felt like he had made a big mistake.

Mientras tanto, la criatura estaba sola en el mundo. Era grande y fuerte, pero también estaba muy confundida. No entendía el mundo. No se entendía a sí mismo. No entendía por qué era diferente. No entendía por qué la gente le tenía miedo.

Quería tener amigos y platicar con la gente. Quería ser amado, pero la gente le tenía miedo a la criatura. Todos huían cuando lo veían, gritaban y le lanzaban cosas. La criatura no entendió por qué. Se sintió muy triste. También empezó a sentirse enojado.

Un día, la criatura encontró el camino de regreso a la casa de Víctor. Quería ver a Víctor. Creía que Víctor podría ayudarlo. Creía que él podía hacer que la gente lo entendiera. Pensaba que Víctor podría hacerlo menos solitario.

Meanwhile, the creature was alone in the world. It was big and strong, but it was also very confused. It didn't understand the world. It didn't understand itself. It didn't understand why it was different. It didn't understand why people were scared of it.

It wanted to have friends and talk with people. It wanted to be loved, but people were afraid of the creature. They all ran away when they saw it, yelling and throwing things at him. The creature did not understand why. It felt very sad. It also began to feel angry.

One day, the creature found its way back to Victor's house. It wanted to see Victor. It thought that Victor could help. It thought he could help make people understand him. It thought that Victor could make it less lonely.

La criatura entró en la casa de Víctor. Encontró a Víctor en su habitación. Víctor se conmocionó al ver a la criatura, también estaba asustado, pero la criatura no estaba enojada. No le hizo daño a Víctor. Sólo miraba a Víctor con sus grandes ojos amarillos. Parecía estar pidiendo ayuda a Víctor.

Pero Víctor estaba demasiado asustado. No podía ver la tristeza de la criatura. No podía ver su soledad. Sólo podía ver su cara fea. Víctor gritó. Le dijo a la criatura que se fuera. Le dijo que se fuera y no volviera nunca.

The creature entered Victor's house. It found Victor in his room. Victor was shocked to see the creature. He was scared, too, but the creature was not angry. It did not hurt Victor. It only looked at Victor with its big, yellow eyes. It seemed to be asking Victor for help.

But Victor was too scared. He couldn't see the creature's sadness. He couldn't see its loneliness. He could only see its ugly face. Victor screamed. He told the creature to leave. He told it to go away and never come back.

Este rechazo devastó a la criatura. No entendía por qué Víctor estaba asustado. No entendía por qué Víctor estaba enojado. Sólo sabía que Víctor no lo quería. A Víctor no le encantó. La criatura se sintió muy sola. También se sintió muy enojado. Salió de la casa de Víctor, pero no olvidó a Víctor.

Y así, la criatura volvió a estar sola. La criatura estaba muy triste. También estaba muy enojado. Decidió que si el mundo no lo quería a él, entonces haría que el mundo sintiera su dolor.

This rejection devastated the creature. It did not understand why Victor was scared. It did not understand why Victor was angry. It only knew that Victor did not want it. Victor did not love it. The creature felt very alone. It felt very angry, too. It left Victor's house. But it did not forget Victor.

And so, the creature was alone again. The creature was very sad. It was also very angry. It decided that if the world did not want it, it would make the world feel its pain.

Víctor, por su parte, se quedó con su miedo y su culpa. Sabía que había cometido un gran error. Sabía que había creado un monstruo. No sabía qué hacer. No sabía cómo arreglar su error. Sólo podía esperar que la criatura se fuera. Sólo podía esperar que la criatura se olvidara de él, pero Víctor se equivocó. La criatura no lo olvidaría. La criatura no olvidaría nada.

Victor, meanwhile, was left with his fear and guilt. He knew he had made a big mistake. He knew he had made a monster. He didn't know what to do. He didn't know how to fix his mistake. He could only hope that the creature would go away. He could only hope that the creature would forget him. But Victor was wrong. The creature would not forget him. The creature would not forget anything.

Después de que la criatura salió de la casa de Víctor, no sabía qué hacer. Sólo sabía que nadie lo quería. Esto puso muy triste a la criatura, pero no se rindió. Decidió tratar de entender el mundo.

La criatura comenzó a explorar. Caminaba por los bosques. Subió a las montañas, nadó en los ríos, vio la belleza del mundo, pero también vio el miedo en los ojos de la gente. Esto hizo que la criatura se sintiera aún más sola, pero no dejó de explorar.

Un día, la criatura encontró una casita en medio del bosque. Era una casa sencilla. Era el hogar de una familia pobre. La criatura decidió vigilar a la familia. Quería aprender de ellos. Quería entenderlos.

La criatura observaba a la familia todos los días. Vio al padre trabajar en los campos, a la madre cocinar comidas, a los niños jugar y aprender. La criatura empezó a entender cómo vivía la gente. Empezó a entender su idioma. Empezó a entender sus sentimientos.

A la criatura le agradaba la familia. Quería ayudarles. Quería ser amigo de ellos. Entonces, la criatura empezó a hacer pequeñas cosas por la familia. Recolectó madera para ellos, les dejó comida. Trató de hacerles la vida más fácil.

The creature watched the family every day. It saw the father work in the fields. It saw the mother cook meals. It saw the children play and learn. The creature started to understand how people lived. It started to understand their language. It started to understand their feelings.

The creature liked the family. It wanted to help them. It wanted to be friends with them. So, the creature started to do small things for the family. It gathered wood for them. It left food for them. It tried to make their life easier.

La familia estaba sorprendida. No sabían quién les estaba ayudando, pero estaban agradecidos. Querían agradecer a su amigo desconocido. La criatura estaba feliz. Sentía como que formaba parte de la familia, se sentía menos solitario.

The family was surprised. They did not know who was helping them, but they were grateful. They wanted to thank their unknown friend. The creature was happy. It felt like it was part of the family. It felt less alone.

Pero entonces, un día, la criatura decidió conocer a la familia. Pensaba que la familia estaría contenta de verlo. Pensaba que la familia se volverían sus amigos, pero la criatura estaba equivocada. Cuando la familia vio a la criatura, se asustaron. Gritaron. Huyeron. No querían a la criatura.

But then, one day, the creature decided to meet the family. It thought the family would be happy to see it. It thought the family would be its friend. But the creature was wrong. When the family saw the creature, they were scared. They screamed. They ran away. They did not want the creature.

La criatura estaba devastada. Sólo quería que se volvieran amigos, pero la familia sólo vio la cara fea de la criatura. Sólo vieron a un monstruo. No vieron el corazón bondadoso de la criatura.

The creature was devastated. It had only wanted to be friends, but the family only saw the creature's ugly face. They only saw a monster. They did not see the creature's kind heart.

La criatura dejó a la familia. Se sentía más solo que nunca. Estaba enojado con el mundo, con Víctor. La criatura decidió regresar con Víctor. Quería que Víctor corrigiera su error. Quería que Víctor le creara un amigo. Quería que Víctor lo hiciera menos solitario.

The creature left the family. It felt more alone than ever. It was angry at the world. It was angry at Victor. The creature decided to go back to Victor. It wanted Victor to fix his mistake. It wanted Victor to make it a friend. It wanted Victor to make it less lonely.

Y así, la criatura inició su viaje de regreso a Víctor. Ya no era la misma criatura. Había visto el mundo. Había sentido alegría y dolor. Había aprendido sobre la vida y el amor. Había aprendido sobre el rechazo y la soledad. La criatura estaba lista para enfrentar a Víctor. Estaba listo para pedir lo que quería.

And so, the creature started its journey back to Victor. It was not the same creature anymore. It had seen the world. It had felt joy and pain. It had learned about life and love. It had learned about rejection and loneliness. The creature was ready to face Victor. It was ready to ask for what it wanted.

La criatura regresó al pueblo de Víctor. Estaba lleno de resentimiento. Sentía que Víctor lo había creado como un ser feo y solitario. La criatura quería que Víctor corrigiera su error. Quería que Víctor le diera un amigo. Quería una criatura como ella.

The creature returned to Victor's town. It was filled with resentment. It felt that Victor had made it ugly and lonely. The creature wanted Victor to fix his mistake. It wanted Victor to give it a friend. It wanted a creature like itself.

La criatura encontró a Víctor. Le habló. Le contó su historia. Le habló de la familia. Le habló de su soledad. La criatura le pidió a Víctor que le creara un amigo. Prometió desaparecer si Víctor lo hacía. Prometió vivir en paz.

Víctor se sorprendió. También estaba asustado. No quería hacer otra criatura. Pensó en los problemas que podría ocasionar. Pero también pensó en la soledad de la criatura. Pensó en su error. Decidió ayudar a la criatura. Prometió crearle un amigo. La criatura estaba feliz. Dejó a Víctor para que hiciera su trabajo.

The creature found Victor. It talked to him. It told him its story. It told him about the family. It told him about its loneliness. The creature asked Victor to make it a friend. It promised to go away if Victor did this. It promised to live in peace.

Victor was surprised. He was scared, too. He did not want to make another creature. He thought about the problems it could cause. But he also thought about the creature's loneliness. He thought about his mistake. He decided to help the creature. He promised to make it a friend. The creature was happy. It left Victor to do his work.

Víctor comenzó su trabajo, pero no estaba contento. Estaba preocupado. Pensó en la criatura. Pensó en la nueva criatura que estaba creando. No sabía si estaba haciendo lo correcto. Decidió detenerse. Destruyó a la nueva criatura.

Victor started his work, but he was not happy. He was worried. He thought about the creature. He thought about the new creature he was making. He did not know if he was doing the right thing. He decided to stop. He destroyed the new creature.

Cuando la criatura vio esto, se puso furiosa. Prometió vengarse. Dejó solo a Víctor, pero no olvidó su promesa. No olvidó su traición. La criatura decidió lastimar a Víctor. Se decidió llevar a la gente que Víctor amaba.

When the creature saw this, it was furious. It promised to take revenge. It left Victor alone, but it did not forget his promise. It did not forget his betrayal. The creature decided to hurt Victor. It decided to take away the people Victor loved.

La criatura se llevó al hermano menor de Victor, William. Lo estranguló. Luego hizo que pareciera que alguien más lo había hecho. Después de esto, la criatura se sintió satisfecha y poderosa porque quería molestar a Víctor.

The creature took Victor's younger brother, William. He strangled him. Then he made it look like someone else did it. After this, the creature felt satisfied and powerful because he wanted to upset Victor.

Pero la criatura no se detuvo ahí. También mató al mejor amigo de Víctor. El amigo fue encontrado muerto en su habitación. La criatura estaba complacida. Sentía que Víctor estaba sintiendo su soledad.

Por último, la criatura mató el amor de Víctor. Fue encontrada muerta en su cama. La criatura estaba eufórica. Sentía que Víctor estaba sintiendo su ira.

Víctor estaba desconsolado y furioso. También estaba muy enojado. Sabía que la criatura había hecho todo esto. Sabía que la criatura se vengaba. Víctor decidió detener a la criatura. Decidió destruir a la criatura. Pero la criatura estaba lista para Víctor. Estaba listo para la pelea final.

But the creature did not stop there. It also killed Victor's best friend. The friend was found dead in his room. The creature was pleased. It felt that Victor was feeling its loneliness.

Finally, the creature killed Victor's love. She was found dead in her bed. The creature was elated. It felt that Victor was feeling its anger.

Victor was heartbroken and furious. He knew that the creature had done all this. He knew that the creature was taking revenge. Victor decided to stop the creature. He decided to destroy the creature. But the creature was ready for Victor. It was ready for the final fight.

Víctor se llenó de tristeza e ira. La criatura le había quitado todo. Pero tenía una misión. Tenía que detener a la criatura. Tenía que asegurarse de que no lastimara a nadie más.

Víctor empacó sus maletas, y salió de su casa. Se fue por el mundo a buscar a la criatura. Su viaje fue largo y difícil. Viajó por bosques y montañas. Cruzó ríos y desiertos. No se detuvo. Él siguió adelante. Estaba decidido a encontrar a la criatura.

Victor was filled with sorrow and anger. The creature had taken everything from him. But he had a mission. He had to stop the creature. He had to make sure that it didn't hurt anyone else.

Victor packed his bags and left his home. He went into the world to find the creature. His journey was long and hard. He traveled through forests and mountains. He crossed rivers and deserts. He did not stop. He kept going. He was determined to find the creature.

Mientras tanto, la criatura también estaba en movimiento. Sabía que Víctor lo estaba siguiendo. No quería que lo atrapara. Fue cuidadoso. Dejó pistas para que Víctor las siguiera. Quería que Víctor sintiera su dolor. Quería que Víctor sintiera su miedo. Quería que Víctor entendiera.

La criatura se fue a las partes más frías y oscuras del mundo. Fue a lugares donde nadie más iba, pero Víctor no paró. Siguió a la criatura. Él soportó el frío y la oscuridad. Estaba decidido a encontrar a la criatura.

Meanwhile, the creature was also on the move. It knew that Victor was following it. It didn't want to be caught. It was careful. It left clues for Victor to follow. It wanted Victor to feel its pain. It wanted Victor to feel its fear. It wanted Victor to understand.

The creature went to the coldest and darkest parts of the world. It went to places where no one else went, but Victor did not stop. He followed the creature. He endured the cold and the darkness. He was determined to find the creature.

Víctor estaba cansado. Tenía hambre. Estaba asustado, pero no se rindió. Pensó en la gente que había perdido. Pensó en la venganza de la criatura. Pensó en su responsabilidad. Estos pensamientos lo mantuvieron en marcha.

Por último, Víctor vio a la criatura. Estaba en una cueva. Estaba solo. Víctor estaba enojado. Quería atacar a la criatura, pero también vio la tristeza de la criatura. Vio la soledad de la criatura. Vio el miedo de la criatura. Víctor estaba confundido. No sabía qué hacer.

Victor was tired. He was hungry. He was scared, but he did not give up. He thought about the people he had lost. He thought about the creature's revenge. He thought about his responsibility. These thoughts kept him going.

Finally, Victor saw the creature. It was in a cave. It was alone. Victor was angry. He wanted to attack the creature. But he also saw the creature's sadness. He saw the creature's loneliness. He saw the creature's fear. Victor was confused. He did not know what to do.

La criatura también vio a Víctor. Estaba listo. No estaba asustado. No tenía nada que perder. Quería pelear con Víctor. Quería que Víctor sintiera su dolor. Quería que Víctor entendiera. Pero la criatura también vio el dolor de Víctor. Vio la soledad de Víctor. Vio el miedo de Víctor. La criatura también estaba confundida. No sabía qué hacer.

Víctor y la criatura se quedaron ahí. Se miraron el uno al otro. Eran enemigos, pero también eran lo mismo. Ambos estaban solos. Ambos estaban tristes. Ambos estaban asustados. Ambos estaban enojados. No sabían qué hacer. No sabían cómo terminar con esto.

The creature saw Victor, too. It was ready. It was not scared. It had nothing to lose. It wanted to fight Victor. It wanted to make Victor feel its pain. It wanted to make Victor understand. But the creature also saw Victor's pain. It saw Victor's loneliness. It saw Victor's fear. The creature was confused, too. It did not know what to do.

Victor and the creature stood there. They looked at each other. They were enemies, but they were also the same. They were both lonely. They were both sad. They were both scared. They were both angry. They did not know what to do. They did not know how to end this.

Víctor quería matar a la criatura y la criatura quería matar a Víctor. Pero también querían entenderse. Querían entender su dolor. Querían entender su soleda y su miedo y su enojo. Pero ellos no sabían cómo.

Víctor y la criatura se quedaron en la fría y oscura cueva. No pelearon. Ellos no hablaron. Sólo se miraban el uno al otro. Ambos estaban muy cansados. Ambos estaban muy tristes. No sabían qué hacer.

Pasaron los días. La cueva estaba fría. No era un buen lugar para vivir. Víctor empezó a sentirse enfermo. Estaba débil. No podía comer. No podía dormir. Estaba muy cansado. Sabía que se estaba muriendo.

La criatura vio esto. No sabía qué hacer. Estaba asustado. Estaba triste. Quería ayudar a Víctor. Pero no sabía cómo. Observaba a Víctor todos los días. Vio a Víctor volverse más débil. Vio desaparecer lentamente la vida de Víctor.

Víctor sabía que se estaba muriendo. Estaba asustado. Pero también se sintió aliviado. Estaba cansado de su vida. Estaba cansado de su culpa. Estaba cansado de su dolor. Él quería descansar. Quería estar en paz.

The creature saw this. It did not know what to do. It was scared. It was sad. It wanted to help Victor. But it did not know how. It watched Victor every day. It saw Victor become weaker. It saw Victor's life slowly go away.

Victor knew he was dying. He was scared. But he was also relieved. He was tired of his life. He was tired of his guilt. He was tired of his pain. He wanted to rest. He wanted to be at peace.

Antes de morir, Víctor platicó con la criatura. Le dijo a la criatura que lo lamentaba. Le dijo a la criatura que había cometido un gran error. Le dijo a la criatura que debería haber sido un mejor creador. Debió haber amado a la criatura. Debió haber entendido a la criatura. Debió haber ayudado a la criatura. Pero no lo hizo. Y lo lamentaba.

La criatura escuchó a Víctor. No dijo nada. Sólo escuchaba. Vio el arrepentimiento de Víctor. Vio la tristeza de Víctor. Sentía pena por Víctor. Pero también se sintió enojado. Se sentía engañado. Se sintió traicionado. No sabía qué decir.

Before he died, Victor talked to the creature. He told the creature he was sorry. He told the creature he had made a big mistake. He told the creature he should have been a better creator. He should have loved the creature. He should have understood the creature. He should have helped the creature. But he didn't. And he was sorry.

The creature listened to Victor. It did not say anything. It only listened. It saw Victor's regret. It saw Victor's sadness. It felt sorry for Victor. But it also felt angry. It felt cheated. It felt betrayed. It did not know what to say.

Víctor murió en la cueva. Tenía frío. Estaba asustado. Pero también estaba en paz. Había aceptado sus errores. Había tratado de hacer las cosas bien. Había tratado de entender a la criatura. Había tratado de amar a la criatura. Pero ya era demasiado tarde. Víctor se había ido.

La criatura vio morir a Víctor. No sabía qué sentir. Fue triste. Estaba enfadado. Estaba solo. Pero también se alivió. La muerte de Víctor significó el fin de su dolor. Significaba el fin de su venganza. Significaba el fin de su soledad. Pero también significó el inicio de su libertad

La criatura estaba sola, pero era libre. Podría comenzar una nueva vida. Podría tratar de encontrar la felicidad. Podría tratar de encontrar el amor. Podría tratar de encontrar comprensión.

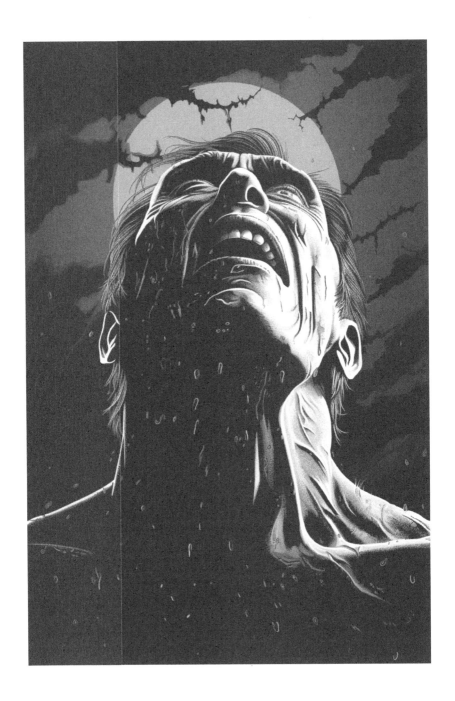

La criatura salió de la cueva. Hacía mucho frío. Estaba muy oscuro. Pero a la criatura no le importó. No tenía nada que perder. No tenía nada que temer. Sólo se tenía a sí misma. La criatura decidió irse muy lejos. Decidió ir a donde nadie lo encontrara. Decidió comenzar una nueva vida.

La criatura viajó por muchos días. Caminaba por los bosques. Nadó a través de los ríos. Escaló las montañas. Estaba muy cansado, pero no paró. Siguió adelante. Quería encontrar un lugar seguro. Quería encontrar un lugar tranquilo. Quería encontrar un lugar donde pudiera estar solo.

The creature left the cave. It was very cold. It was very dark. But the creature did not care. It had nothing to lose. It had nothing to fear. It only had itself. The creature decided to go far away. It decided to go where no one could find it. It decided to start a new life.

The creature traveled for many days. It walked through forests. It swam across rivers. It climbed mountains. It was very tired, but it did not stop. It kept going. It wanted to find a safe place. It wanted to find a peaceful place. It wanted to find a place where it could be alone.

Por último, la criatura encontró un lugar. Era una isla pequeña. Estaba en medio de un gran mar. Allí no había gente. Sólo había árboles y animales. La criatura decidió vivir ahí. Era un lugar tranquilo. Era un lugar seguro. Era un lugar solitario. Pero a la criatura no le importó. Estaba acostumbrado a estar solo.

Finally, the creature found a place. It was a small island. It was in the middle of a big sea. There were no people there. There were only trees and animals. The creature decided to live there. It was a peaceful place. It was a safe place. It was a lonely place. But the creature did not mind. It was used to being alone.

La criatura vivió en la isla durante muchos años. Allí fue feliz. Allí estaba tranquilo. La criatura no lastimó a nadie. No asustó a nadie. Vivía tranquilamente. Vivía solo.

The creature lived on the island for many years. It was happy there. It was peaceful there. The creature did not hurt anyone. It did not scare anyone. It lived quietly. It lived alone.

Pero la criatura nunca olvidó a Víctor. Siempre lo recordaba. Siempre sintió lástima por él. Siempre se sintió culpable por él. La criatura deseaba poder haber cambiado las cosas. Deseaba poder haber mejorado las cosas. Pero sabía que era demasiado tarde. Víctor se había ido. La criatura estaba sola.

But the creature never forgot Victor. It always remembered him. It always felt sorry for him. It always felt guilty for him. The creature wished it could have changed things. It wished it could have made things better. But it knew it was too late. Victor was gone. The creature was alone.

Fin / The End

Veinte Mil Leguas de Viaje Submarino

Twenty Thousand Leagues Under The Sea

This story is an adaptation of the novel *Twenty Thousand Leagues Under the Sea*, written in 1870 by French author Jules Verne, who is considered a pioneer of science fiction literature.

La historia comienza con un suceso extraño. En todo el mundo, la gente está hablando de un gran monstruo marino. Este monstruo está causando problemas a los barcos en el océano. La gente está muy asustada y no sabe qué es este monstruo. Quieren averiguarlo, así que piden ayuda.

El gobierno de Estados Unidos decide hacer algo. Planean un viaje especial para encontrar a este monstruo. Eligen al profesor Pierre Aronnax para dirigir este viaje. Es un famoso maestro que sabe mucho sobre el mar y sus criaturas. Está muy entusiasmado con este trabajo y está listo para encontrar al monstruo.

The story starts with something strange happening. All over the world, people are talking about a big sea monster. This monster is making trouble for ships in the ocean. People are very scared, and they don't know what this monster is. They want to find out, so they ask for help.

The United States government decides to do something. They plan a special trip to find this monster. They choose Professor Pierre Aronnax to lead this trip. He is a famous teacher who knows a lot about the sea and its creatures. He is very excited about this job, and he is ready to find the monster.

Aronnax trae consigo a dos personas. Uno de ellos es Conseil, el sirviente de Aronnax. Él ayuda a Aronnax con todo lo que necesita. La otra persona es Ned Land. Es un muy buen arponero. Un arponero es una persona que puede lanzar una lanza larga para atrapar peces grandes o ballenas.

Los tres hombres se preparan para su aventura. Se unen a un gran barco que el gobierno de Estados Unidos les ha dado. El barco sale del puerto y comienza el emocionante viaje. Aún no saben lo que encontrarán en el gran y ancho mar, pero están listos para conocer al monstruo marino y resolver el misterio.

Aronnax brings two people with him. One of them is Conseil, who is Aronnax's servant. He helps Aronnax with everything he needs. The other person is Ned Land. He is a very good harpooner. A harpooner is a person who can throw a long spear to catch big fish or whales.

The three men get ready for their adventure. They join a big ship that the United States government has given them. The ship leaves the harbor and the exciting journey begins. They don't know yet what they will find in the big, wide sea, but they are ready to meet the sea monster and to solve the mystery.

Después de muchos días en el mar, los hombres del barco esperan y vigilan. Están buscando al monstruo marino. Quieren encontrarlo. Tienen un gran trabajo que hacer. El profesor Aronnax, Conseil y Ned Land también observan el mar. Todos están esperando que aparezca el monstruo.

Entonces, un día, ven algo. Hay una gran forma moviéndose en el agua. ¡Es el monstruo! Es muy grande y rápido. Se mueve como pez en el agua, pero es mucho más grande que cualquier pez que hayan visto jamás. Todos en el barco están muy asustados, pero también muy emocionados. ¡Han encontrado al monstruo!

Ned Land, el arponero, se prepara. Toma su larga lanza y espera el momento adecuado. Quiere lanzar su arpón al monstruo. Él quiere atraparlo. Pero el monstruo es muy rápido y fuerte. Golpea el barco con un gran choque. El barco se sacude y entra agua. Todos están en peligro.

El profesor Aronnax, Conseil y Ned Land caen al agua. Tienen miedo porque ya no pueden ver el barco. Están solos en el agua con el monstruo. Ellos nadan y nadan, pero están muy cansados. Piensan que no sobrevivirán, pero luego ven algo.

En el agua, ven una forma grande. No es un monstruo. No es un pez. ¡Es un barco! Pero es un barco muy extraño. Se trata de un barco que puede sumergirse. Se trata de un submarino. Los hombres están muy sorprendidos. Nunca habían visto un submarino. Es muy grande y bonito. No pueden creer lo que están viendo.

In the water, they see a big shape. It is not a monster. It is not a fish. It is a ship! But it is a very strange ship. It is a ship that can go under the water. It is a submarine. The men are very surprised. They have never seen a submarine before. It is very big and very beautiful. They can't believe what they are seeing.

El submarino se acerca. Se abre una puerta y salen hombres. Ayudan al profesor Aronnax, Conseil y Ned Land. Los llevan dentro del submarino. Los hombres están a salvo, pero también están muy confundidos. Pensaban que estaban persiguiendo a un monstruo, pero encontraron un submarino.

The submarine comes closer. A door opens and men come out. They help Professor Aronnax, Conseil, and Ned Land. They take them inside the submarine. The men are safe, but they are also very confused. They thought they were chasing a monster, but they found a submarine.

Dentro del submarino, está muy tranquilo y limpio. Hay máquinas, mapas y muchas otras cosas. Los hombres no saben dónde están. Están perdidos, pero también tienen mucha curiosidad. Ellos quieren saber más sobre este submarino y los hombres que viven en él.

Inside the submarine, it is very quiet and very clean. There are machines and maps and many other things. The men don't know where they are. They are lost. But they are also very curious. They want to know more about this submarine and the men who live in it.

Entonces, se encuentran con el líder del submarino. Su nombre es Capitán Nemo. Es muy extraño, pero también muy inteligente. Les dice que están en el Nautilus, su submarino. Él les dice que pueden quedarse en el Nautilus, pero nunca pueden irse. Ahora forman parte del Nautilus y de su mundo secreto bajo el mar.

Los hombres están sorprendidos y asustados. No quieren quedarse en el Nautilus para siempre. Quieren volver a su mundo, pero también quieren conocer más sobre el Nautilus y el capitán Nemo. Quieren entender este nuevo mundo bajo el mar. Están listos para una nueva aventura.

Then, they meet the leader of the submarine. His name is Captain Nemo. He is very strange, but also very smart. He tells them that they are on the Nautilus, his submarine. He tells them that they can stay on the Nautilus, but they can never leave. They are now part of the Nautilus and its secret world under the sea.

The men are surprised and scared. They don't want to stay on the Nautilus forever. They want to go back to their world. But they also want to learn more about the Nautilus and Captain Nemo. They want to understand this new world under the sea. They are ready for a new adventure.

El Nautilus es un submarino muy especial. Es grande y fuerte, y también es muy bonito. En el interior, hay muchas habitaciones y pasillos. Hay muchas máquinas y mapas. Todo está muy limpio y organizado.

Los hombres empiezan a explorar el Nautilus. Ven muchas cosas increíbles. Ven una habitación grande con muchos libros. Ven una habitación con bellas imágenes del mar y sus criaturas. Ven una habitación con máquinas que crean aire fresco y agua limpia. También ven una ventana con vista hacia el mar. Pueden ver peces y plantas y rocas. Pueden ver el mundo bajo el mar.

The Nautilus is a very special submarine. It is big and strong, and it is also very beautiful. Inside, there are many rooms and corridors. There are many machines and maps. Everything is very clean and very organized.

The men start to explore the Nautilus. They see many amazing things. They see a big room with a lot of books. They see a room with beautiful pictures of the sea and its creatures. They see a room with machines that can make fresh air and clean water. They also see a window that shows the sea outside. They can see fish and plants and rocks. They can see the world under the sea.

El capitán Nemo les muestra todo. Está muy orgulloso del Nautilus. Él les dice que él mismo la construyó. También les cuenta sobre su vida bajo el mar. Les dice que no le gusta el mundo sobre el mar. Les dice que prefiere vivir bajo el mar, con los peces y las plantas. Les dice que está libre bajo el mar.

A los hombres les sorprenden mucho las palabras del capitán Nemo. No entienden por qué quiere vivir bajo el mar. No entienden por qué no quiere volver al mundo de arriba. Pero también sienten algo de respeto por él. Es muy valiente y listo. Ha construido un hermoso submarino. Se creó una nueva vida para sí mismo.

Captain Nemo shows them everything. He is very proud of the Nautilus. He tells them that he built it himself. He also tells them about his life under the sea. He tells them that he doesn't like the world above the sea. He tells them that he prefers to live under the sea, with the fish and the plants. He tells them that he is free under the sea.

The men are very surprised by Captain Nemo's words. They don't understand why he wants to live under the sea. They don't understand why he doesn't want to go back to the world above. But they also feel a little bit of respect for him. He is very brave and very smart. He has built a beautiful submarine. He has created a new life for himself.

El profesor Aronnax, Conseil y Ned Land también empiezan a sentirse un poco como en casa en el Nautilus. Empiezan a gustarles la vida tranquila bajo el mar. Empiezan a disfrutar de las hermosas vistas desde la ventana. Empiezan a aprender más sobre el mar y sus criaturas. Empiezan a entender por qué al capitán Nemo le gusta esta vida.

Pero también extrañan su vieja vida. Extrañan a sus familias y amigos. Extrañan el mundo sobre el mar. Ellos quieren volver. Pero el capitán Nemo les dice que no pueden abandonar el Nautilus. Él les dice que tienen que quedarse con él. Él les dice que tienen que guardar el secreto del Nautilus.

Professor Aronnax, Conseil, and Ned Land also start to feel a little bit at home on the Nautilus. They start to like the quiet life under the sea. They start to enjoy the beautiful views from the window. They start to learn more about the sea and its creatures. They start to understand why Captain Nemo likes this life.

But they also miss their old life. They miss their families and friends. They miss the world above the sea. They want to go back. But Captain Nemo tells them that they can't leave the Nautilus. He tells them that they must stay with him. He tells them that they must keep the secret of the Nautilus.

Los hombres están muy tristes. No quieren quedarse en el Nautilus para siempre. Pero también saben que no pueden pelear con el capitán Nemo. Es muy fuerte y determinado. Ellos deciden obedecer, por ahora. Deciden guardar el secreto del Nautilus. Deciden vivir bajo el mar.

The men are very sad. They don't want to stay on the Nautilus forever. But they also know that they can't fight Captain Nemo. He is very strong and very determined. They decide to obey him, for now. They decide to keep the secret of the Nautilus. They decide to live under the sea.

En los siguientes días y semanas, el profesor Aronnax, Conseil y Ned Land comenzaron a aprender sobre la vida bajo el mar. Cada día en el Nautilus trae algo nuevo y emocionante. Es una vida muy diferente a lo que están acostumbrados, pero también es muy interesante.

In the days and weeks that follow, Professor Aronnax, Conseil, and Ned Land start to learn about life under the sea. Every day on the Nautilus brings something new and exciting. It is a very different life from what they are used to, but it is also very interesting.

Primero, aprendan sobre las diferentes criaturas que viven en el mar. Hay peces de todas las formas y tamaños. Algunos son pequeños y coloridos, mientras que otros son grandes y aterradores. También hay muchas plantas diferentes. Algunas son verdes y suaves, mientras que otras son rojas y duras. Los hombres aprenden sobre todas estas criaturas y plantas del capitán Nemo. Él sabe mucho de ellos. Cuenta a los hombres muchas historias interesantes sobre el mar y sus habitantes.

First, they learn about the different creatures that live in the sea. There are fish of all shapes and sizes. Some are small and colorful, while others are big and scary. There are also many different plants. Some are green and soft, while others are red and hard. The men learn about all these creatures and plants from Captain Nemo. He knows a lot about them. He tells the men many interesting stories about the sea and its inhabitants.

Segundo, los hombres aprenden sobre las distintas partes del mar. Algunas partes son superficiales y brillantes, mientras que otras son profundas y oscuras. Algunas partes son tranquilas y silenciosas, mientras que otras son salvajes y tormentosas. También hay muchas cosas diferentes en el fondo del mar.

Second, the men learn about the different parts of the sea. Some parts are shallow and bright, while others are deep and dark. Some parts are calm and quiet, while others are wild and stormy. There are also many different things on the sea floor.

Hay rocas, cuevas e incluso viejos naufragios. Los hombres exploran todos estos lugares con el Nautilus. Ven muchas vistas increíbles y tienen muchas aventuras emocionantes.

There are rocks, caves, and even old shipwrecks. The men explore all these places with the Nautilus. They see many amazing sights and have many exciting adventures.

Una de sus aventuras es la caza de un calamar gigante. Es una criatura muy peligrosa, pero Ned Land, el arponero, no tiene miedo. Combate el calamar y gana. Es un momento muy emocionante. Otra aventura es una visita a una ciudad hundida. La ciudad es vieja y hermosa, pero también es triste y solitaria. Los hombres sienten una extraña mezcla de miedo y tristeza mientras exploran la ciudad.

One of their adventures is a hunt for a giant squid. It is a very dangerous creature, but Ned Land, the harpooner, is not afraid. He fights the squid and wins. It is a very exciting moment. Another adventure is a visit to a sunken city. The city is old and beautiful, but it is also sad and lonely. The men feel a strange mix of awe and sadness as they explore the city.

Sin embargo, la vida bajo el mar no se trata sólo de aventura. También se trata de la vida cotidiana. Los hombres tienen que comer, dormir y trabajar.

Life under the sea is not just about adventure, though. It is also about everyday life. The men must eat, sleep, and work.

Comen alimentos del mar, como peces y algas marinas. Duermen en habitaciones pequeñas en el Nautilus. Trabajan con el capitán Nemo y su tripulación, mientras ayudan a que el Nautilus siga funcionando sin problemas. Es una vida sencilla, pero también es una buena vida. Los hombres están ocupados, pero también están contentos.

Aún así, los hombres extrañan su antigua vida. Extrañan la tierra y el cielo. Extrañan a sus familias y amigos. A veces, se sienten tristes y solitarios. Pero también saben que tienen la suerte de estar vivos. Saben que tienen la suerte de ver las maravillas del mar. Saben que tienen la suerte de formar parte del Nautilus y sus aventuras.

A medida que los hombres viven en el Nautilus, aprenden más sobre el capitán Nemo. Es un hombre muy misterioso. Él es callado y serio. También es muy inteligente y valiente, pero los hombres no saben mucho de él. No saben por qué vive bajo el mar. No saben por qué no él quiere volver al mundo de arriba. Ellos quieren averiguarlo.

Un día, el capitán Nemo les cuenta su historia. Les dice que solía vivir en el mundo de arriba. Tenía familia y amigos. Tenía una casa y un trabajo, pero sucedió algo malo. Lo perdió todo. Estaba muy triste y enojado. Ya no quería vivir en el mundo de arriba. Quería estar solo. Entonces, construyó el Nautilus y llegó a vivir bajo el mar.

As the men live on the Nautilus, they learn more about Captain Nemo. He is a very mysterious man. He is quiet and serious. He is also very smart and brave. But the men don't know much about him. They don't know why he lives under the sea. They don't know why he doesn't want to go back to the world above. They want to find out.

One day, Captain Nemo tells them his story. He tells them that he used to live in the world above. He had a family and friends. He had a home and a job. But something bad happened. He lost everything. He was very sad and angry. He didn't want to live in the world above anymore. He wanted to be alone. So, he built the Nautilus and came to live under the sea.

A los hombres les sorprende mucho la historia del capitán Nemo. Ellos sienten lástima por él. Entienden por qué está tan triste y enojado. Entienden por qué quiere estar solo. Pero también se sienten asustados. Saben que el capitán Nemo no es un hombre normal. Es un hombre que lo perdió todo. Es un hombre que puede hacer cualquier cosa.

The men are very surprised by Captain Nemo's story. They feel sorry for him. They understand why he is so sad and angry. They understand why he wants to be alone. But they also feel scared. They know that Captain Nemo is not a normal man. He is a man who has lost everything. He is a man who can do anything.

El capitán Nemo hace muchas cosas en el Nautilus. Se encarga del submarino y de su tripulación. Explora el mar y sus criaturas. Lee libros y estudia mapas. También ayuda a las personas necesitadas. Una vez, salvó a un hombre perdido en el mar. En otra ocasión, le dio dinero a los pobres. Hace todas estas cosas en silencio y sin pedir nada a cambio.

Captain Nemo does many things on the Nautilus. He takes care of the submarine and its crew. He explores the sea and its creatures. He reads books and studies maps. He also helps people in need. One time, he saves a man who is lost at sea. Another time, he gives money to poor people. He does all these things quietly and without asking for anything in return.

Pero el capitán Nemo también hace cosas que no son buenas. Combate contra naves que él cree que son malas. Las destruye con el Nautilus. A él no le importa la gente de los barcos. A él no le importan las leyes del mundo de arriba. Hace lo que cree que es correcto. Hace lo que quiere. La tripulación no habla mucho con los tres hombres, pero parecen devotos del Capitán Nemo.

A los hombres les dan miedo las acciones del capitán Nemo. No quieren ser parte de sus peleas. No quieren lastimar a la gente. Quieren dejar el Nautilus. Pero no pueden. El capitán Nemo no los dejará. Dice que tienen que quedarse con él. Dice que tienen que ser parte de su mundo.

But Captain Nemo also does things that are not good. He fights against ships that he thinks are bad. He destroys them with the Nautilus. He doesn't care about the people on the ships. He doesn't care about the laws of the world above. He does what he thinks is right. He does what he wants. The crew do not talk to the three men very much, but they seem devoted to Captain Nemo.

The men fear Captain Nemo's actions. They don't want to be part of his fights. They don't want to hurt people. They want to leave the Nautilus. But they can't. Captain Nemo won't let them. He says that they must stay with him. He says that they have to be part of his world.

Al final, los motivos y acciones del capitán Nemo son una gran parte de la vida en el Nautilus. Ellos dan forma a los días y noches de los hombres. Ellos dan forma a sus pensamientos y sentimientos. Ellos dan forma a su futuro. Son un recordatorio constante del extraño y peligroso mundo bajo el mar. Son un recordatorio constante del hombre que gobierna este mundo, el capitán Nemo.

Un día, viviendo en el Nautilus, pasó algo grande. El capitán Nemo les dice a los hombres que hay un buque de guerra cerca. Este no es cualquier buque de guerra. Se trata de un barco del país que lastimó al capitán Nemo en el pasado. Está muy enfadado. Quiere atacar al buque de guerra.

In the end, Captain Nemo's motives and actions are a big part of life on the Nautilus. They shape the men's days and nights. They shape their thoughts and feelings. They shape their future. They are a constant reminder of the strange and dangerous world under the sea. They are a constant reminder of the man who rules this world, Captain Nemo.

One day, while living on the Nautilus, something big happens. Captain Nemo tells the men that there is a warship nearby. This is not just any warship. This is a ship from the country that hurt Captain Nemo in the past. He is very angry. He wants to attack the warship.

Los hombres están muy asustados. Saben que atacar a un buque de guerra es peligroso. También saben que está mal. No quieren lastimar a nadie. Pero también saben que no pueden detener al capitán Nemo. Es el líder del Nautilus. Él puede hacer lo que quiera. La tripulación le es totalmente leal.

Llega el día del ataque. El Nautilus va hacia el buque de guerra. El capitán Nemo está al frente. Está listo para pelear. Está listo para obtener su venganza. Los hombres pueden ver la ira en sus ojos. Pueden sentir la tensión en el aire.

The men are very scared. They know that attacking a warship is dangerous. They also know that it is wrong. They don't want to hurt anyone. But they also know that they can't stop Captain Nemo. He is the leader of the Nautilus. He can do what he wants. The crew is totally loyal to him.

The day of the attack comes. The Nautilus goes towards the warship. Captain Nemo is at the front. He is ready to fight. He is ready to get his revenge. The men can see the anger in his eyes. They can feel the tension in the air.

Comienza el ataque. El Nautilus golpea el buque de guerra con un gran choque. Hay un ruido fuerte. Hay humo y fuego. La gente del buque de guerra tiene miedo. Intentan contraatacar, pero el Nautilus es demasiado fuerte. Es demasiado rápido. Es demasiado poderosa.

El capitán Nemo vigila el ataque. No se ve feliz. No se ve triste. Se ve tranquilo. Parece decidido. Parece un hombre que está haciendo lo que cree que es correcto. Los hombres lo vigilan. Ven a un hombre que lo perdió todo. Ven a un hombre que está luchando por sus creencias. Ven a un hombre que no tiene miedo.

The attack starts. The Nautilus hits the warship with a big crash. There is a loud noise. There is smoke and fire. People on the warship are scared. They try to fight back. But the Nautilus is too strong. It is too fast. It is too powerful.

Captain Nemo watches the attack. He doesn't look happy. He doesn't look sad. He looks calm. He looks determined. He looks like a man who is doing what he thinks is right. The men watch him. They see a man who has lost everything. They see a man who is fighting for his beliefs. They see a man who is not afraid.

El ataque termina. El buque de guerra queda destruido. Se hunde en el mar. La gente del buque de guerra está perdida. El Nautilus se aleja. Se remonta a las profundidades del mar. Deja atrás al buque de guerra y a su gente. El capitán Nemo no dice nada. Él sólo mira al mar. Los hombres lo miran. No saben qué decir. No saben qué sentir.

Los hombres sienten muchas cosas después del ataque. Sienten miedo. Sienten tristeza. Sienten confusión. Se sienten arrepentidos. Pero también se sienten comprensivos. Entienden al capitán Nemo. Entienden su enojo. Entienden su dolor. Entienden su necesidad de venganza.

The attack ends. The warship is destroyed. It sinks into the sea. The people on the warship are lost. The Nautilus moves away. It goes back into the deep sea. It leaves the warship and its people behind. Captain Nemo doesn't say anything. He just looks at the sea. The men look at him. They don't know what to say. They don't know what to feel.

The men feel many things after the attack. They feel fear. They feel sadness. They feel confusion. They feel regret. But they also feel understanding. They understand Captain Nemo. They understand his anger. They understand his pain. They understand his need for revenge.

Después del ataque al buque de guerra, las cosas cambian en el Nautilus. Los hombres se sienten más asustados. Se sienten más preocupados. Ellos quieren irse. Ya no quieren quedarse con el capitán Nemo. Quieren volver al mundo de arriba. Quieren volver con sus familias y amigos. Ellos quieren ser libres.

Hacen un plan para escapar. Es un plan sencillo, pero también es un plan peligroso. Tienen que esperar el momento adecuado. Tienen que estar muy tranquilos. Tienen que ser muy valientes. Saben que si fallan, podrían morir. Pero también saben que si tienen éxito, podrían vivir.

After the attack on the warship, things change on the Nautilus. The men feel more scared. They feel more worried. They want to leave. They don't want to stay with Captain Nemo anymore. They want to go back to the world above. They want to go back to their families and friends. They want to be free.

They make a plan to escape. It is a simple plan, but it is also a dangerous plan. They have to wait for the right time. They must be very quiet. They must be very brave. They know that if they fail, they could die. But they also know that if they succeed, they could live.

Llega el día de la fuga. El Nautilus está cerca de una gran isla. El mar está en calma. El cielo está despejado. Es el momento perfecto para escapar. Los hombres están listos. Ellos tienen sus maletas. Tienen su coraje. La suerte está con ellos, porque el Capitán Nemo está ocupado cuando quieren irse. Ninguno de los tripulantes intenta detenerlos. Pueden dejar el Nautilus sin confrontación.

Ellos nadan hacia la isla. Es difícil. El agua está fría y las olas son grandes, pero siguen adelante. Ellos no paran. Ellos no miran hacia atrás. Ellos sólo piensan en la isla. Ellos sólo piensan en su libertad.

The day of the escape comes. The Nautilus is near a big island. The sea is calm. The sky is clear. It is the perfect time to escape. The men are ready. They have their bags. They have their courage. Luck is with them, because Captain Nemo is busy when they want to leave. None of the crew try to stop them. They are able to leave The Nautilus without confrontation.

They swim towards the island. It is difficult. The water is cold, and the waves are big, but they keep going. They don't stop. They don't look back. They only think about the island. They only think about their freedom.

Después de mucho tiempo, llegan a la isla. Están cansados. Están mojados. Pero también están felices. Escaparon del Nautilus. Escaparon del capitán Nemo. Escaparon del mar. Ellos son libres.

Miran hacia atrás al mar. Ellos ven el Nautilus. Se va. Está regresando a las profundidades del mar. Está regresando a su mundo. Ellos ven al capitán Nemo. Se encuentra parado al frente del Nautilus. Los está vigilando. No trata de detenerlos. No trata de llamarlos. Él sólo los vigila. Ellos lo vigilan. Se despiden de él en sus corazones.

Entonces, el Nautilus desaparece. Desciende al mar. Se sale de sus vidas. No lo vuelven a ver. No vuelven a ver al capitán Nemo. Están solos en la isla. Están solos en el mundo de arriba.

Then, the Nautilus disappears. It goes down into the sea. It goes out of their lives. They don't see it again. They don't see Captain Nemo again. They are alone on the island. They are alone in the world above.

Finalmente, los tres hombres son rescatados por un barco de pesca. Pueden volver a casa en París. El profesor Aronnax informa de sus aventuras a las autoridades. Les cuenta toda la historia, sin emociones. No sabe cómo sentirse acerca del Capitán Nemo y sus acciones.

Eventually the three men are rescued by a fishing boat. They are able to get back home to Paris. Professor Aronnax reports their adventures to the authorities. He tells them the whole story, without emotions. He does not know how to feel about Captain Nemo and his actions.

Los hombres anhelan tener contacto con otras personas. Han estado solos en el Nautilus. Pero deciden no contarles a otros sobre sus extrañas aventuras en The Nautilus. Temen que otras personas los llamen locos. Y así, estos secretos permanecen en sus corazones. De esta manera, una parte de su aislamiento continúa para siempre.

The men yearn to have contact with other people. They have been lonely on the Nautilus. But they decide not to tell others about their strange adventures on The Nautilus. They fear other people will call them crazy. And so, these secrets stay in their hearts. In this way, some part of their isolation continues forever.

Fin / The End

La Guerra de los Mundos

The War of the Worlds

This story is an adaptation of the *The War of the Worlds*, written by British author H.G. Wells. It was first published in 1898 and quickly became one of the most influential works in the science fiction genre.

Desde que tengo memoria, he vivido en un pueblo tranquilo de Inglaterra. Me encantaba contemplar el cielo nocturno. Era una época más simple. No tenía idea de que alguien podría estar mirándome desde ahí.

Una noche noté a Marte, un punto brillante en el cielo, actuando de manera extraña. Bocanadas de humo parecían salir de él. Esto se convirtió en una gran noticia. La gente hablaba de ello, pero nadie se preocupaba demasiado.

Eso cambió repentinamente cuando un enorme cilindro de metal se estrelló cerca de mi casa. Hizo un ruido fuerte y un gran agujero en el suelo. La curiosidad se apoderó de mí, y fui a verlo, uniéndome a la multitud que se había reunido.

Ever since I remember, I lived in a peaceful town in England. I used to love gazing at the night sky. It was a simpler time. I had no idea someone might be gazing back at me.

One night I noticed Mars, a bright dot in the sky, acting strange. Puffs of smoke seemed to come out of it. It became big news. People talked about it, but no one worried too much.

That changed suddenly when a huge metal cylinder crashed near my house. It made a loud noise and a big hole in the ground. Curiosity got the better of me, and I went to see it, joining a crowd that had gathered.

La parte superior del cilindro comenzó a moverse y, para nuestra sorpresa, de ahí salieron criaturas. Tenían ojos grandes y brazos largos. Eran marcianos. Estábamos hipnotizados por la curiosidad.

Al principio, parecían pacíficos. Miraban a su alrededor, casi como turistas. Pero de repente, ¡atacaron! Usaron un potente láser y prendieron fuego a todo. Era una escena aterradora. Todos huimos aterrorizados. La ciudad fue destruida y cubierta por un espeso humo negro.

The top of the cylinder began to move, and to our shock, creatures came out. They had big eyes and long arms. Martians, we realized. We were mesmerized with curiosity.

At first, they seemed peaceful. They looked about, almost like tourists. But suddenly, they attacked! They used a powerful laser and set everything on fire. The sight was terrifying. We all fled in terror. The town was destroyed and covered in thick black smoke.

Los que sobrevivimos nos escondimos en sótanos y otros escondites. Cada día traía más miedo consigo. Cayeron más cilindros. El ejército trató de luchar, pero los marcianos tenían enormes máquinas de tres patas llamadas Trípodes. Estas disparaban rayos de calor y un humo negro mortal. Parecía que nada podía detenerlos.

Yo solo pensaba en una cosa: encontrar a mi esposa. Nos habían separado en el ataque inicial. Con una bolsa de artículos esenciales, comencé mi viaje. El camino fue duro. Las calles estaban llenas de gente en pánico. La escena de familias corriendo, niños llorando, y el ruido distante de los trípodes me atormentaba.

Those of us who survived hid in basements and other hideouts. Every day brought more fear. More cylinders fell. The army tried to fight, but the Martians had huge three-legged machines called Tripods. They shot heat-rays and a deadly black smoke. It seemed nothing could stop them.

I had one thought: finding my wife. We had been separated in the initial attack. With a bag of essentials, I began my journey. The way was hard. Roads were filled with panicking people. The sight of families running, children crying, and the distant noise of Tripods haunted me.

Me topé con soldados que planeaban atacar a los marcianos con armas grandes. A pesar de estar asustado, sentí una chispa de esperanza. Tal vez, solo tal vez, podríamos contraatacar. Pero los marcianos eran poderosos. Sus rayos de calor eran demasiado fuertes. El ataque fracasó. El humo y el fuego estaban por todas partes. Escapé por poco, mi corazón latía con fuerza.

Durante mi escape, conocí a un hombre que también estaba viajando. Nos ayudamos mutuamente y viajamos juntos durante algún tiempo. Juntos, fuimos testigos de horrores. Una vez, mientras nos escondíamos, vimos un barco valiente. El barco se llamaba Thunder Child y estaba tratando de defenderse de los Trípodes. Destruyó algunos, pero a un gran costo. Fue algo tanto desgarrador como inspirador.

I stumbled upon soldiers planning to attack the Martians with big guns. Though scared, I felt a spark of hope. Maybe, just maybe, we could fight back. But the Martians were powerful. Their heat-rays were too strong. The attack failed. Smoke and fire were everywhere. I narrowly escaped, my heart pounding loudly.

During my escape, I met a man who was also traveling. We helped each other and travelled together for some time. Together, we witnessed horrors. Once, as we hid, we saw a brave ship. The ship was called the Thunder Child, and it was trying to fend off the Tripods. It destroyed some, but at a great cost. The sight was both heartbreaking and inspiring.

Los marcianos parecían cambiar nuestro mundo. Esparcieron una maleza roja que lo cubrió todo. Nuestra tierra verde se estaba volviendo roja. Se sentía como si los marcianos estuvieran marcando su territorio.

Con mi nuevo amigo, encontré refugio en una casa antigua. Los días se convirtieron en noches y nuestra comida escaseaba. Estábamos constantemente con el alma en vilo. Escuchábamos los zumbidos distantes de los trípodes y las misteriosas llamadas de los marcianos. Un día, un fuerte estruendo rompió nuestro inquieto silencio. Un cilindro había aterrizado cerca. Nos escondimos, rezando para que no nos encontraran.

The Martians seemed to change our world. They spread a red weed that covered everything. Our green Earth was turning red. It felt like the Martians were marking their territory.

With my new friend, I found refuge in an old house. Days turned into nights, and our food grew scarce. We were constantly on edge. We listened to the distant hums of the Tripods and the eerie calls of the Martians. One day, a loud crash broke our uneasy silence. A cylinder had landed close by. We hid, praying they wouldn't find us.

Podíamos escuchar a los marcianos afuera. Sus extraños sonidos y el movimiento de sus máquinas hicieron que mi corazón se acelerara. Mi compañero, abrumado por el miedo, comenzó a orar en voz alta. Traté de calmarlo, pero estaba perdido en su pánico. Me preocupaba que su ruido atrajera a los marcianos. Por suerte, los marcianos siguieron de largo.

We could hear the Martians outside. Their strange sounds and the movement of their machines made my heart race. My companion, overwhelmed by fear, began praying loudly. I tried calming him, but he was lost in his panic. I worried his noise would attract the Martians. By some luck, the Martians passed us by.

Un día, ya no se escuchaban los sonidos de los marcianos. ¿Se habían ido? La curiosidad y la esperanza me empujaron hacia afuera. El mundo estaba irreconocible. La hierba roja estaba por todas partes y los edificios estaban en ruinas. Sin embargo, no había ni rastro de los marcianos o de sus máquinas.

One day, the Martian sounds faded. Were they gone? Curiosity and hope pushed me outside. The world was unrecognizable. Red weed was everywhere, and buildings lay in ruins. Yet, there was no sign of the Martians or their machines.

A pesar de la destrucción, mi determinación creció. Necesitaba encontrar a mi esposa. Necesitaba saber si ella estaba a salvo. Con ese pensamiento, continué, aferrándome a la esperanza.

Después de los horrores del campo, decidí dirigirme a Londres. Tal vez ahí, las cosas serían mejores. Pero cuando llegué, la ciudad no era como la recordaba. Las calles estaban en silencio y la hierba roja de Marte estaba por todas partes. Los edificios altos y los lugares famosos estaban vacíos. Un extraño silencio llenaba el aire.

Despite the destruction, my determination grew. I needed to find my wife. I needed to know if she was safe. With that thought, I continued on, holding onto hope.

After the horrors in the countryside, I decided to go to London. Maybe there, things would be better. But when I arrived, the city was not as I remembered. The streets were silent, and the red weed from Mars was everywhere. The tall buildings and famous places were empty. A strange silence filled the air.

Mientras caminaba por las tranquilas calles, pensaba en mi esposa y deseaba que estuviera a salvo. Quería encontrarla, pero Londres era tan grande. No sabía por dónde empezar. La ciudad se sentía como un sueño—no, se sentía como una pesadilla. No había autos, ni sonidos de niños jugando, ni señales de vida. Era como si los marcianos se hubieran llevado el alma de la ciudad.

Walking through the quiet streets, I thought of my wife and hoped she was safe. I wanted to find her, but London was so big. I didn't know where to start. The city felt like a dream—no, it felt like a nightmare. There were no cars, no sounds of children playing, and no signs of life. It was like the Martians had taken away the soul of the city.

Un día, mientras deambulaba, vi una cara familiar. Era un soldado que había conocido antes, durante el ataque inicial. Los dos estábamos sorprendidos y felices de vernos. Me dijo que tenía un plan para mantenerse a salvo de los marcianos. Él creía que podíamos vivir bajo tierra, como en los túneles del metro. Allá abajo, los marcianos no podrían encontrarnos.

One day, while wandering, I saw a familiar face. It was a soldier I had met before, during the initial attack. We were both surprised and happy to see each other. He told me he had a plan to stay safe from the Martians. He believed that we could live underground, like in the subway tunnels. Down there, the Martians couldn't find us.

Habló de hacer un nuevo mundo bajo tierra. Habría habitaciones para personas, lugares para leer libros e incluso granjas para cultivar alimentos. Parecía un buen plan, y sentí una pequeña chispa de esperanza.

Juntos encontramos una casa con sótano y empezamos a cavar. Queríamos hacer un túnel para conectar con otros lugares subterráneos. El soldado tenía grandes sueños. Soñaba con que algún día seríamos lo suficientemente fuertes para luchar contra los marcianos de nuevo.

He talked about making a new world under the ground. There would be rooms for people, places to read books, and even farms to grow food. It sounded like a good plan, and I felt a small spark of hope.

Together, we found a house with a basement and started digging. We wanted to make a tunnel to connect with other underground places. The soldier had big dreams. He dreamed that one day, we would be strong enough to fight the Martians again.

Pero cavar era un trabajo duro. El suelo era duro y no teníamos las herramientas adecuadas. Pasaron los días y avanzábamos poco. Empecé a sentirme cansado y preocupado. ¿Era realmente un buen plan? Extrañaba a mi esposa y quería encontrarla. Pero el soldado siguió hablando de su sueño. Dijo que, bajo tierra, podríamos estar seguros y libres.

But digging was hard work. The ground was tough, and we didn't have the right tools. Days passed, and we made little progress. I started to feel tired and worried. Was this really a good plan? I missed my wife and wanted to find her. But the soldier kept talking about his dream. He said that underground, we could be safe and free.

Mientras trabajaba, a menudo escuchaba ruidos extraños desde arriba. A veces, eran estruendos fuertes, como truenos. Otras veces, eran sonidos espeluznantes, como los gritos de los marcianos. Trataba de no pensar en ello, pero el miedo siempre estaba ahí. El mundo había cambiado tanto, y no sabía si alguna vez volvería a ser el mismo.

While working, I often heard strange noises from above. Sometimes, they were loud booms, like thunder. Other times, they were eerie sounds, like the cries of the Martians. I tried not to think about it, but fear was always there. The world had changed so much, and I didn't know if it would ever be the same again.

Una noche, mientras descansaba, vi una luz afuera. Curioso, me asomé y vi algo horrible. Los marcianos se alimentaban de personas. Utilizaban máquinas largas para extraerles la sangre. Me sentí enfermo y asustado. No podía creer lo que estaba viendo. Quizás esta era la razón por la que los marcianos habían venido a la Tierra. Sabía que tenía que tener mucho cuidado. Si los marcianos me atrapaban, sería su próxima víctima.

Me movía por la ciudad destruida, siempre atento a los marcianos. Pero algo estaba cambiando. Con el paso de los días, noté que muchos marcianos ya no se veían fuertes. Parecían enfermos. No sabía por qué, pero esto me dio un poco de esperanza. Tal vez algo en la Tierra fue demasiado para ellos.

One night, while resting, I saw a light outside. Curious, I peeked out and saw a horrifying sight. The Martians were feeding on people. They used long machines to take their blood. I felt sick and scared. I couldn't believe what I was seeing. Perhaps this was the very reason the Martians had come to Earth. I knew I had to be very careful. If the Martians caught me, I would be their next victim.

I moved through the destroyed city, always looking out for Martians. But something was changing. As days went by, I noticed that many Martians didn't look strong anymore. They looked sick. I didn't know why, but this gave me a little hope. Maybe something on Earth was too much for them.

A medida que pasaban los días, el ver marcianos enfermos se hizo común. Dondequiera que iba, veía sus grandes máquinas paradas, sin moverse. La gente comenzó a susurrar entre sí. Decían que cosas pequeñas, cosas diminutas llamadas bacterias, estaban atacando a los marcianos.

As more days passed, the sight of sick Martians became common. Everywhere I went, I saw their big machines standing still, not moving. People began to whisper to each other. They said small things, tiny things called bacteria, were attacking the Martians.

En la Tierra, tenemos estas bacterias en todas partes. A veces nos enferman, pero nuestro cuerpo las combate. Los marcianos no tenían protección contra ellas. Estaban enfermando.

On Earth, we have these bacteria everywhere. Sometimes they make us sick, but our bodies fight them. The Martians had no protection against them. They were falling ill.

Este descubrimiento fue una gran sorpresa. No pudimos derrotar a los marcianos con armas o bombas. Pero ahora, las cosas más pequeñas de la Tierra lo estaban haciendo. Estaban lastimando a los marcianos. Todo el mundo empezó a hablar de esto. La esperanza creció en nuestros corazones. Muchos de nosotros comenzamos a creer que tal vez, solo tal vez, podríamos recuperar nuestro mundo.

Con los marcianos debilitándose, comenzamos a salir más. Calles que antes estaban vacías comenzaron a llenarse de gente. La gente estaba hablando, ayudándose unos a otros, compartiendo comida e historias. Todo el mundo tenía una historia. Historias de escapes imposibles, de escondites, de ver a los marcianos.

This discovery was a big surprise. We couldn't defeat the Martians with guns or bombs. But now, the smallest things on Earth were doing it. They were hurting the Martians. Everyone started talking about this. Hope grew in our hearts. Many of us began to believe that maybe, just maybe, we could get our world back.

With the Martians becoming weak, we started coming out more. Streets that were empty before began to fill with people. They were talking, helping each other, sharing food and stories. Everyone had a story. Stories of close escapes, of hiding, of seeing the Martians.

Pero ahora, la historia más popular era sobre las bacterias. Cómo estas pequeñas cosas invisibles nos estaban salvando.

Aun así, no podía disfrutar de esta buena noticia hasta que encontrara a mi esposa. No sabía dónde estaba. Todos los días la buscaba. Cada cara que veía, esperaba que fuera la de ella. Y luego, un hermoso día, la encontré entre un grupo de personas. Corrimos el uno al otro, nos abrazamos y lloramos. Todo el miedo y el dolor desaparecieron. Estábamos juntos de nuevo.

But now, the most popular story was about the bacteria. How these tiny, unseen things were saving us.

Still, I could not enjoy this good news until I found my wife. I didn't know where she was. Every day, I looked for her. Every face I saw, I hoped it was hers. And then, one beautiful day, I found her in a group of people. We ran to each other, hugged, and cried. All the fear and pain disappeared. We were together again.

Lentamente, la ciudad comenzó a cambiar. Las plantas rojas que trajeron los marcianos comenzaron a morir. Nuestras propias plantas verdes regresaron. El aire se sentía fresco. Los pájaros empezaron a cantar de nuevo. Las enormes y aterradoras máquinas de los marcianos yacían por todas partes, pero ahora estaban en silencio. Ya no eran una amenaza.

Las mirábamos y recordábamos el miedo que traían. Pero también recordábamos la camaradería de cuando la gente se unió para sobrevivir.

Slowly, the city started to change. The red plants that the Martians brought began to die. Our own green plants came back. The air felt fresh. Birds started singing again. The huge, scary machines of the Martians lay everywhere, but they were silent now. No longer a threat.

We looked at them and remembered the fear they brought. But we also remembered the camaraderie when people came together for survival

La gente se reunía cada vez más. Hablábamos de todo. Recordábamos los días difíciles. Los ruidos fuertes, las grandes peleas, las plantas rojas, y los aterradores marcianos. Pero también hablábamos de nuestros héroes, las pequeñas bacterias. Reímos, lloramos y comenzamos a hacer planes para el futuro. Sabíamos que habría mucho trabajo. Pero también sabíamos que no estábamos solos. Nos teníamos el uno al otro. Habíamos aprendido que cuando trabajamos juntos, siempre podemos encontrar la manera de avanzar.

People gathered more and more. We talked about everything. We remembered the hard days. The loud noises, the big fights, the red plants, and the scary Martians. But we also talked about our heroes, the small bacteria. We laughed, cried, and began to make plans for the future. We knew there would be a lot of work. But we also knew we were not alone. We had each other. We had learned that when we work together, we can always find a way to move forward.

Fin / The End

Did you enjoy these classic science fiction stories? This book is part of a series rolling out in 2023 and 2024!

To get alerted when a new book is released and learn more about the author, please join the mailing list.

bilingualbridge.substack.com

If you enjoyed this book, I would truly appreciate a review to increase its visibility! Reviews are a great way to support writers.

Sincerely, Vallerie Wilson

Notas

Notes

Made in the USA
Las Vegas, NV
13 October 2024

96760729R00069